Gerhard Weisgerber

Ach, wär ich von den Deinen, Kunst…

…doch leider hab ich keinen Dunst!

Gerhard Weisgerber

Ach, wär ich von den Deinen, Kunst…

…doch leider hab ich keinen Dunst!

Dr. J. Butz • Musikverlag

Gerhard Weisgerber
Ach, wär ich von den Deinen, Kunst…
…doch leider hab ich keinen Dunst!

Bibliografische Information der Deutschen Bibliothek:
Die Deutsche Bibliothek verzeichnet diese Publikation
in der Deutschen Nationalbibliografie,
detailliertere bibliografische Daten sind im Internet
über http:\\dnb.ddb.de abrufbar.

Gestaltung und Satz: Alk Pusch, Bonn
Herstellung: Druckerei & Verlag Steinmeier, Nördlingen
Verlagsnummer: BuB 05
ISBN 978-3-9284-12-05-6

Vorwort

Als der Verfasser dieses Büchleins vor einiger Zeit begonnen hatte, völlig unsystematisch und ohne thematische Vorgabe Schüttelreime zu machen und schon bald eine stattliche Sammlung vorlag, zeigte sich, dass sich unter den kunterbunten Gedichtlein eine bemerkenswerte Anzahl von solchen befand, die mit Musik zu tun hatten. Eine Erklärung hierfür bot sich schnell an:

Der Verfasser ist, unter anderem, selbst Musiker, macht und hört Musik, und wenn jemand ohne besondere Absicht mit Wörtern und Inhalten zu spielen anfängt, tut er es eben mit solchen, die ihm vom täglichen Umgang her nahe liegen. Aber zu dieser einfachen Erklärung gesellte sich bei weiterem Nachdenken eine andere, die zunächst überraschend klingt: Schüttelreime haben eine tiefreichende Verwandtschaft zur Musik.

Natürlich muss eine solche Aussage begründet werden. Der Verfasser fand ohne viel Mühe sogar drei Belege für die Affinität des Schüttelreims zur Welt der Musik.

Der erste Beleg ist nichts anderes als eine oft gemachte Beobachtung: Nirgendwo werden so häufig Schüttelreime spontan hergestellt oder als „Kennst-du-den"-Witze weitergesagt wie unter Musikern. Beispiele sollen hier nicht zitiert werden, weil dieses Büchlein keine Sammlung bekannter, sondern eine Präsentation neuer Schüttelreime sein möchte. Aber der geschätzte Leser erinnert sich vielleicht selbst an das historische Beispiel von dem Wagner-Dirigenten Mottl, der sich schändlicherweise mit „Trottel" schüttelreimen lassen musste, weil der so Sprechende befürchtete, sich mit „Tristan" einen „Mist an"-hören zu müssen, oder an den Oboisten, der, wenn er an das Honorar dachte, das er vom Kirchenmusikdirektor Langenbeck erwarten durfte, sein Rohr nur mit „Bangen leck"-te, oder an den sprachgewandten Hochschulrektor, der, weil er Pauer hieß und weil in der betreffenden Stadt eine Firma namens Paul von Maur das Speditionswesen beherrschte – na, was wohl? Es sind Beispiele von Spottlust bei Musikern, die dem Klangreiz sich doppelreimend verwurstelnder Wörter nicht widerstehen können.

Damit ist die zweite Begründung für die Behauptung, Musik und Schüttelreimerei seien artverwandt, schon genannt. Musik ist Klangkunst, der Schüttelreim ebenfalls. Er ist im Vergleich zu anderen poetischen Formen so sehr ein Klangereignis, dass der Hörer sich, ohne sich zur Wehr zu setzen, inhaltlich mitunter Einiges an Unfug gefallen lässt, nur weil das Sprüchlein so witzig klingt. Aber völlig ohne Aussage darf selbst der dümmste Schüttelreim nicht sein, und mit dieser Feststellung sind wir beim dritten Verwandtschaftsmerkmal zwischen Schüttelreimkunst und den Gesetzmäßigkeiten der Musik angekommen.

Mit der strengen Auflage, dass die beiden Verse des Zweizeilers mit einem durch Vertauschung der Anfangskonsonanten entstehenden Doppelreim enden müssen, liefert sich der Schüttelreimdichter einem Zwang aus, von dem man meinen möchte, er lasse keinerlei Spielraum mehr für irgendeine brauchbare Aussage: Formvorgabe als Hindernis für kreative inhaltliche Gestaltung. Aber diese Erfahrung ist ebenso eine zutiefst musikalische Erfahrung wie die gegenteilige, dass dies eben nur scheinbar so ist, weil die individuelle Gestaltungskraft, wenn vorhanden, immer Schlupflöcher findet. Der Musiker macht diese doppelte Erfahrung auf vielen Ebenen. Es fängt an bei dem Tonsatzschüler, der mit Regeln wie dem Verbot von Quintparallelen oder Leittonverdoppelung scheinbar gegängelt wird und dem der Professor nachher trotzdem sagen kann, da habe er aber eine sehr schöne Lösung gefunden. Es geht weiter beim

Analysieren klassischer Kompositionen, bei denen die Meister, als ob zum Beispiel eine Fuge nicht schon streng genug wäre, sich mit Doppelfugen und anderen halsbrecherischen Konstruktionen die schwierigsten Bedingungen auferlegt haben und bei deren Bewältigung zu genialen und durchaus emotionserfüllten Ergebnissen gekommen sind. Es ist zuletzt auch nicht anders beim Instrumentalisten oder Sänger, der, wenn es sich nicht gerade um so etwas wie Jazz handelt, gar alles – Tonhöhen und Tonlängen, Rhythmen und Lautstärken – so machen muss, wie es auf dem Notenblatt steht, und von dem, wenn er es gut macht, nachher die Zuhörer feststellen, er habe eine persönliche, tief ergreifende, so noch nicht dagewesene Interpretation gefunden. Das alles heißt: strenge Vorgabe lähmt den Künstler nicht, sondern entfesselt seine Individualität erst recht, weil es nichts Schöneres gibt, als mit Schwierigkeiten fertig zu werden. Kunst mag Zwang, um über ihn zu triumphieren. Mit dieser etwas feierlich formulierten und dabei doch so einfachen Feststellung steht außer Zweifel: Der Schüttelreimebastler hat sich einem Hobby hingegeben, das ein ausgesprochen musikalisches Hobby genannt werden muss. Deshalb braucht man sich nicht zu wundern, wenn ihm beim Suchen von Inhalten immer wieder Situationen aus der Welt der Musik durch den Kopf gehen, sich auf die zum Hin- und Herdrehen bereite Zunge legen und zuletzt den fündig Gewordenen zum Schreibzeug greifen lassen.

Möge dieses Büchlein dem Leser Freude bereiten – und ihn vielleicht sogar zum Nachahmungstäter werden lassen!

Im Juli 2007
Gerhard Weisgerber

Der Musikschüttelreimer

Musikpoet. Er rafft und schüttelt
manch Sprüchlein. Wie er schafft und rüttelt!
– So weit ist Schüttelreimen leicht.
Ob's zum Zusammenleimen reicht?

Zum Geleit

Zum Geleit

Musik kann froh und lustig machen.
Ich hab's probiert. Schon musst' ich lachen.

Allgemein

Selbsterkenntnis

Ach, wär ich von den Deinen, Kunst!
Doch leider hab' ich keinen Dunst.

Anfang vielversprechend

Am Anfang gab es schöne Triller,
doch wurden bald die Töne schriller.

Die Angst vor dem Auftritt

Und tat's bisher auch klappen täglich,
kannst heut danebentappen kläglich.

Schwarze Noten wie Vögel auf Drähten

Wo kommen all die Schwalben her?
Mir fallen schon die Halben schwer.

Beim Konzert trinken?

Anfangs klang's noch nach fis-moll.
Später, ach, war die Miss voll.

Mahnen, mahnen, mahnen!

Die Mutter sagt stereotyp
dasselbe immer: „Theo, üb!"

Nicht gleich von Begabungsmangel sprechen

Sag nicht, er habe kein Talent.
Sag schonungsvoll: es ist latent.

Musik wird störend oft empfunden…

Gar kläglich jault der Pudel dein!
(Auch mir macht das Gedudel Pein.)

Undankbares Publikum

Gar redlich hatte sich Klaus geplagt,
doch dann über wenig Applaus geklagt.

Lieber Klassik

Man sollte Klassisches hier meiden,
und trotzdem wünschte ich mir Haydn.

Musik kann trösten

„Gar alles ist gescheitert, Hubert!
Was gibt's, das mich erheitert?“ – „Schubert“.

Impressionistische Musik

In jedem dieser Stücke dreht's
sich um Gefühlseindrücke stets.

Plattenproduzent

„Ich mache nur gescheite Platten!"
Vergeblich war der öde Plan.
Bald zogen auf der Pleite Schatten:
Er stellte sich zu blöde an.

Zugesagt ist zugesagt

Wie die Abteilung „Gage" meld't,
gibt's trotz Totalblamage Geld.

Hochzeitslied

Heut ist Hanna in der Ehe!
Hosianna in der Heehe!

Das Ambiente muss stimmen

Nichts gegen Serenadenfeste –
jedoch in diesem faden Neste?

Auch dazu kann Musik dienlich sein

Mancher hält vom Feste gern
durch Musik die Gäste fern.

Nix wie weg

Wir suchen einen Schattenplatz
und hören lieber Platten, Schatz.

Lieber keine Freilichtaufführung

Man kann (denk an die zarten Geigen!)
das Stück nicht gut im Garten zeigen.

Musizieren im Freien?

Wenn sich der Himmel außen trübt,
geht's nicht mehr, dass man draußen übt.

Kammermusik

„Was Rasches!" wir das Trio baten,
was sie sogleich „con brio" taten.

Da geht was ab!

Wie fetzig von der Band der Rock!
Es springt die Geiß, es rennt der Bock!

Kammermusik

„Was Rasches!“ wir das Trio baten,
was sie sogleich „con brio“ taten.
Jazz in kleiner Besetzung

„Muss sagen, euer Kammerjatz,
der klang für mich nach Jammerkatz.“
„Du Depp, das spricht man ‚Kammerdschääs‘!“
„Dann sag ich halt: ’s war Dschammerkäs.“

Gedankendissonanz

„Was will bloß dieses dralle Ei?
O Schreck, der spielt wohl alle drei?“
„Ich glaube, ich gefalle ihr.
Ich spiel’ die Stücke alle vier.“

Die heilende Kraft der Musik

Nach diesem wunderschönen Satz
ist mir's grad zum Versöhnen, Schatz!

Weil Musiker zünftig feiern können

Gehst du mit mir, mein bester Kalle,
an Fasching zum Orchesterballe?

Streicher

Warum klang es so unsauber?

Die Frage nach der Schuld war peinlich:
Es kam vom ersten Pult wahrscheinlich.

Muss sie zuviel üben?

Am dritten Pult die kesse Blonde
gar nichts für ihre Blässe konnde.

Boshaft

Dem Angeber wünsch ich: Es platze die Saite!
Das wäre, so mitten im Satze, die Pleite!

Con sordino

„Ihr säbelt wie die Drachenkämpfer!
Was hilft bei solchem Krach?“ – „’n Dämpfer“.

Überschätzter Solist

Wie er durch die Kadenzen kroch!
Da spürst du seine Grenzen doch.

Gelt, ich bin gut!

„Wie schön ich das Legato bringe!“
„Ja, wenn’s auch mit Vibrato ginge.“

Die erste Lage ist leichter

Nach oben gab's manch schiefen Ton.
Er traf sie nicht! Die tiefen schon.

Der Kapellmeister ist unzufrieden

Was spielt ihr da für harte Quinten?
Das war doch fast 'ne Quarte hinten!

Intonationsfortschritte

Sekunden, Terzen traf er täglich.
Bald war auch die Oktav erträglich.

's kann losgehen

Die Geige unters Kinn geruckt,
dann in de Noten ringeguckt.

Gute Instrumente

Die Violinen tönen schon.
Sie haben einen schönen Ton.

Musikfrevel

Wie schrecklich sie die Geige zwangen!
Fast wäre sie entzweigegangen.

Verzweifelter Violinist

Wie soll ich diese Lagen kriegen,
die oben fast am Kragen liegen?

Am Ende der Probe

Die Geigen, ach, die zarten! schweigen.
Am Kinn sich dicke Schwarten zeigen.

Spöttelei unter Streichern

Es werden – wie verbrauchte Latschen –
Altgeigen noch erlauchte Bratschen.

Mit drei Fingern geht's auch bei ihm nicht

Der Bratscher braucht, was ich einseh',
den vierten Finger für sein e.

Zurückhaltendes Publikum?

Wie schön auch uns're Bratschen klingen:
kein Mensch lässt sich zum Klatschen bringen.

Aufgeweckt

Der Ausruf „Molto vivace!" erbrachte,
dass hinten die letzte Bratsche erwachte.

Klostermusik

Der Frater, der Viola schabt,
säng' besser in der Schola, Abt!

Die Bratscher sind die Gefühlvolleren

Während Geiger knatschen, bruddeln,
wir lieber uns're Bratschen knuddeln.

Die Instrumente sind schuld

„Was bringt ihr keine Triolen zuwege?“
„Dazu sind uns're Violen zu träge.“

Wer ist umgänglicher?

„Könnt' nie mit dem Hornist da leben!“
„Probier's mit dem Cellist daneben.“

Lernwunder

Du spielst auf deinem Cello Bach?
Noch eher lernt mein Bello Schach.

Orchesteraufstellung

„Dein Platz ist bei den Pauken, Bass!"
„Ob ich zu den Rabauken pass?"

Harmonie?

Die Herrn Cellisten streiten sich,
weil einer falsch die Saiten strich.

Die Kontrabassisten

Auf Barhockern sie locker hocken.
Bargeld tat sie zum Hocker locken.

Holzbläser

Zum Erbleichen

Wie spielte er so roh die Flöte!
Von Hörers Wangen floh die Röte.

Misslungener Reparaturversuch

Es geht, will ich die Flöte löten,
die Flöte, die ich löte, flöten.

Soll ich Piccolo lernen?

Niemals passen deine Finger
auf so zierlich feine Dinger.

Unerfüllbarer Wunsch

Ich glaub', dass eher Kröten fliegen
als dass wir bess're Flöten kriegen!

Einsatz verpasst

Wo bleiben die Oboen, he?
Ich hör gar nix vom hohen b!

Hat der Oboist das Ding verschluckt?

Das Rohr, das ich seit Anfang lutsch,
ist, wenn ich's brauche, schon lang futsch.

Unermüdlich

Was darf beim Streichquartette nun
derweil die Klarinette tun?

Bei der Instrumentenkunde nicht aufgepasst

Er dachte noch im Bette nach:
Was schrieb für Klarinette Bach?

Ein Schelm, wer Arges dabei denkt

Mal brummt es lang, mal schnarrt's fein kurz:
Das war Fagott! Das war kein Furz.

Grenzen väterlicher Großzügigkeit

Da kam doch heut ein Fax: „O Sohn!
Kein Pfennig für das Saxophon!“

Blasen macht Durst

Was immer schon für Bläser galt:
Es leeren sich die Gläser bald.

Blechmusik

Das dröhnte, aber echt, das Rohr!
Jetzt hört es nimmer recht, das Ohr.

Erkälteter Blasmusiker

Musst du bei jeder Pause husten,
tätst besser du zu Hause pusten.

Wohin mit dem Münzgeld

Ich hör's in der Trompete knacken:
Wohin tatst du die Knete packen?

Kurzfristige Besetzungsänderung

Das Zettelchen da vorn enthält
die Nachricht, dass das Horn entfällt.

Liebe zum Instrument?

Sooft er in sein Horn gefasst,
hat er das Ding da vorn gehasst.

Überraschende Konzertkritik

Was Gutes, man muss staunen, seht,
hier über die Posaunen steht!

Durchlaucht ist international bekannt

Als er den Herrn aus Kuba traf,
sprach dieser: „Spielt Ihr Tuba, Graf?“

Blechbläserakademie

Die Säle, Zimmer, Stuben all
sind voll Posaun’- und Tubenschall.

Ein Schlagzeuger

Ich plag’ mit dem Triangel mich.
Des Taktgefühls ermangel’ ich.

Eingenickt

Er blieb beim Zählen stecken. – BUMM!
Für diesmal blieb das Becken stumm.

Harfe, Laute & Gambe

Orchesterökonomie

Es geht nach dem Bedarfe hier.
Deshalb: Erspar die Harfe dir.

Und nochmals: lieber ohne Harfe

Ich schließe aus dem scharfen Hohne:
Man wünscht, dass ich die Harfen schone.

Von nichts kommt nichts

Wie käm' er zu der schönen Laute,
wenn er nicht auch nach Löhnen schaute?

Erlesener Geschmack

Der edle Chor der Gamben ruht.
Jetzt tun uns Dithyramben gut.

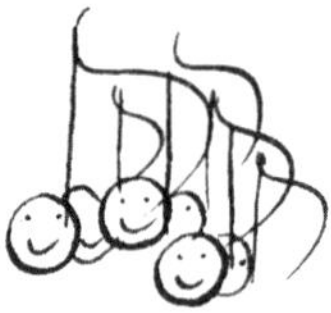

Klavier & Orgel

Klaviervirtuosin beobachtet

„Schau, wie sie mit der Hand, der rechten,
tut Töne bis zum Rand erhechten!"
„Und immer tut's nachhinken laut,
wenn sie dann mit der linken haut."
„Sie jagt durch die Sonate munter
von vorn bis zur Fermate 'nunter."
„Ich denk, dass sie so hasten tat,
weil's gar so viele Tasten hat."

Erholungspause

Wenn Pianisten rasten tun,
dann dürfen auch die Tasten ruhn.

Einsamkeit und Weite

Ich möcht' auf einen Hügel flieh'n!
Dort stellt' ich nur den Flügel hin.

Lustlose Klavierschüler

Man sah sie, ach!, die Müden, tappen,
steif unterm Arm Etüdenmappen.

Die Orgelfuge

Erst geht's auf dem Pedale ran,
dann sind die Manuale dran.
Jetzt kommt der Kontrapunkt und flitzt
dahin, als ob es funkt und blitzt.
Händ', Füße bilden einen Knoten,
so stand es noch in keinen Noten!
Doch sieh, wie Füß' und Hände eben
beruhigt sich zum Ende heben.

Orgelbegutachtung

So'n Klang von Spar-Register: rau,
ganz ohne Farbe ist er, grau.

Empfindsamer Kirchenmusiker

Muss der Pfarrer immer nörgeln,
kann der Kantor nimmer örgeln.

Dirigent

Eingesehen: ein Dirigent ist nötig

Wir müssen einen fest erküren,
der muss dann das Orchester führen.

Der neue Maestro

Sie sitzen da und warten still
aufs Zeichen, dass er starten will.
Doch weh, er kommt mit neuen Tricks!
Da machen die Getreuen – nix!

Dirigent: einsame Spitze

Das Einz'ge, das ich hab' aus Stolz,
ist dieser schlichte Stab aus Holz.

Wer ist der geeignete Orchesterchef?

Beschluss: Wir nehmen gerne den,
der auch mag ans Moderne gehn.

Gesang

Die Instrumentalisten

Sie lieben das Vokale. Lieder
erschallen im Lokale wieder.

Der Liedbegleiter

Zum leis' gesung'nen, feinen Worte
spielt er – es ist zum Weinen! – forte!

Begutachtung eines Librettos

Wenn eins ich zu den Texten sage:
sie nervten schon am sechsten Tage.

Niveaulos!

Die Kerle singen wüste Lieder,
die spiegeln ihre Lüste wieder.

Herbsterkältung

Die mit dem üpp'gen Obertone
war (stimmlich) im Oktober ohne.

Das Orchester hat nicht inspiriert

Die Diva jubilierte zu zahm.
Kein Wunder: Man musizierte zu lahm.

Herausragend

Es gereicht der hehre Alt
dem Quartett zur Ehre halt.

Nicht überkritisch sein

Was hörtet denn für Mängel ihr?
Sie deuchte wie ein Engel mir.

Umstrittener Sänger

Man bewundert seine Kehle.
Doch mir fehlt was: keine Seele!

Sängerkomplex

Täglich, will den Hals er schützen,
muss er ihn mit Schals erhützen.

Italienischer Gastsänger

Wie dolce der Tenore, och!
Ich hab' den Schmalz im Ohre noch.

Enttäuschung

Versprach der Bass
nicht „schöne Tiefe"?
Zerbrach der Spaß:
Misstöne, schiefe!

Tapfer durchgestanden

Er hat mit jedem Takt gerungen,
bis er zum letzten Akt gedrungen.

Nicht alle können es miteinander

„Ob friedlich wohl zu zwei'n sie sängen?"
„Wenn wir zum Friedlichsein sie zwängen!"

Enttäuschend

Was ist das für ein feiner Chor?
Im Ernstfall traut sich keiner vor.

Wenn's ihr hilft?

Wie singt sie doch im Chore laut,
wenn Kaugummi die Lore kaut!

Von der Stimmlage abhängig

Es waren nur noch vier im Bass.
Drum blieb auch etwas Bier im Fass.

Chormoral

Warum wohl klang's so blechern, Bass?
Ihr seid ja noch vom Bechern blass!
Und ihr da vor den Bässen, Alt,
denkt immer: Gibt's zu essen bald?
Und träumen die Soprane sacht
vom Tortenstück mit Sahnepracht,
so meinen die Tenöre stur,
mal nüchtern sein, das störe nur.

Musica sacra

Das Schlusslied ist ihm sehr gelungen:
Er hat die Kirche leergesungen.

Oper

Schatzgräber

Noch unbekannt im Opernhaus
gab's einen Schatz. Da hob er'n aus.

Mit Faulheit kommt man zu nichts

Zum Sohne sprach der Vater leis:
„Man braucht für das Theater Fleiß!"

Keinerlei Ernsthaftigkeit

Die Arie hat so geklungen,
als wär sie auf dem Klo gesungen.

Starbesetzung

Die Göckel, die zusammen krähen,
kann man aus den Programmen sehen.

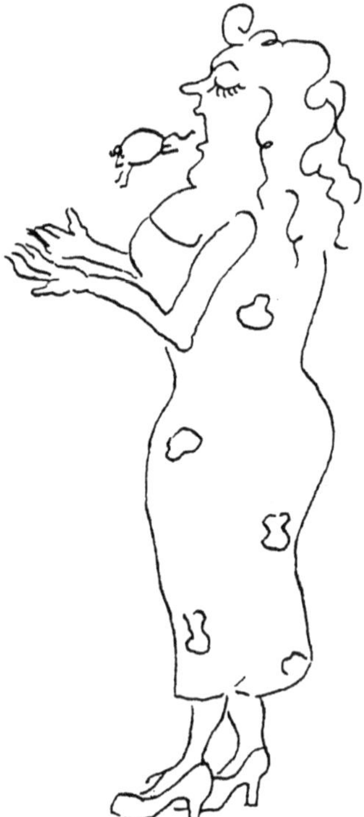

Operndiva

Sie singt, als käm 'ne runde Maus
gequetscht aus ihrem Munde raus.

Nicht jede ist für alles geeignet

Das ganze Feld „Soubrettenfach“
liegt für die allzu Fetten brach.

Auseinandersetzung mit einem Engagement

So stellt er sich die Rolle vor:
erst sanft, doch dann das volle Rohr.

Heldentenor

Es ging um ein gewagtes c.
Es kam nur ein verzagtes „Weh!“

Optisch so weit ganz gut

Er stellt sich auf die Bühne hin:
„Seht, was ich für ein Hüne bin!“

Fehlbesetzung

Er singt zwar, dass er Rache schwöre,
doch hat er eine schwache Röhre.

Der Opernchor streikt

In dieser schwierigen Tonlage
singen wir erst nach dem Lohntage.

Tonsatz & Komposition

Geschmackssache

Welch herrliche Sexten! Welch schöne Terzen!
Wie lieblich und heiter die Töne scherzen!
Der Kritiker, apropos scherzen, beteuert,
er finde die Sexten und Terzen bescheuert.

H-Dur-Akkord

Zum h fügt sich ganz doll ein fis,
dazwischen schmettert voll ein dis.

Und wie findest du es?

Die Soli Dur, die Tutti Moll?
Ich find es doof, doch Mutti toll.

Nicht zu eintönig!

Nur säuselndes Moll, auf die Dauer und pur?
Man liebt als Kontrast auch mal Power und Dur!

Nix kapiert

Wir lernten gestern: ges gleich fis.
Warum ist dann nicht fes gleich gis?

Das Stück geht noch weiter

Das ist die Dominante, doch
es kommt ja das Andante noch.

Harmonisch nichts riskieren

Was aber tut die Monika?
Sie wählt mit Mut die Tonika.

Lob und Tadel für einen Komponisten

„Er machte einen klugen Fang;
die Fachwelt lobt der Fugen Klang."
„Er kann sehr autonom kopieren!
Doch das ist noch kein Komponieren."

Zu guter Letzt

's ist spät

Die Spieler werden träger schon,
es schleicht sich ein manch schräger Ton.

Machtwort

Der Intendant ließ in Gnaden verfügen:
Wir hören jetzt auf mit dem faden Vergnügen.

Gute-Nacht-Musik

„Noch ein Menuettlein, Bester!“
„Aber dann ins Bettlein, Esther!“

Lieber … als …

Er tät zur Kunigunde steigen,
müsst' er dort nicht 'ne Stunde geigen.
Denn darin ist der Gute eigen:
Er will heut bei der Ute geigen.

Zugabe

Ein ernstes Wort an die Begabten

Bekamst du vom Schöpfer des Könnens Gunst,
so üb' an den Menschen des Gönnens Kunst.

Inhalt